CHARLES AND RAY
Eames

EDITOR EXECUTIVO: Sarah Larter
EDITOR DE ARTE: Adam Wright
DESIGN: Zoë Mercer
PESQUISA ICONOGRÁFICA: Cartherine Costelloe
PRODUÇÃO: Garry Lewis
TRADUÇÃO: Luciano Machado

Catalogação na Fonte do Departamento Nacional do Livro
Fundação Biblioteca Nacional

Stungo, Naomi
Eames / Charles and Ray
Tradução: Luciano Machado
São Paulo: Cosac & Naify Edições, 2000
p. 80

ISBN: 85-7503-082-5 CDD: 720
1. Arquitetura 2. Desenho. Artes Decorativas

Carlton Books Limited
20 Mortimer Street
London W1T 3JW

COSAC & NAIFY EDIÇÕES LTDA.
Rua General Jardim, 770, 2º andar
01223-010 - São Paulo - SP
Fone: (5511) 3218 1444
Fax: (5511) 3257 8164
e-mail: info@cosacnaify.com.br

CHARLES AND RAY
Eames

NAOMI STUNGO

Cosac & Naify

CARS

TEXOLITE

CHARLES E RAY

Eis uma coisa curiosa: enquanto *designers* como Frank Lloyd Wright, Le Corbusier e Alvar Aalto figuram nos livros de história como os "grandes" do século XX, é muito mais provável que você tenha se deparado com o trabalho de um casal menos conhecido — Charles e Ray Eames.

Em escolas e escritórios, salas de espera de aeroportos e edifícios públicos, museus e casas particulares de todo o mundo você encontra cadeiras concebidas pelo casal americano. O trabalho deles é tão onipresente e já tão integrado à nossa paisagem visual, tão conforme a nossa idéia de como devem ser os móveis "modernos", que é quase impossível imaginar alguém debruçado numa mesa, projetando-os.

Os Eames não apenas mudaram a forma de como o mundo se senta: eles revolucionaram a forma como se vê a profissão de *designer*. Charles Eames costumava definir o *design* como "um método de ação", entendendo-o mais como verbo que como um substantivo. Além de mobiliário, os Eames criaram talas para o exército americano, edifícios, além de filmes, exposições e espetáculos multimídia. Se isso é o que se espera de *designers* nos dias de hoje, é porque o casal Eames abriu caminho nessa direção. Em sua qualidade de *designer* e editor, Timor Kalman disse:

"Charles e Ray mudaram tudo".

Dada a importância dos Eames, é de surpreender quão pouco se escreveu sobre eles. Em toda a sua vida, Charles Eames desencorajou de forma deliberada o que ele chamava de "monografias retrospectivas". Como explica Pat Kirkham (que mais tarde escreveu um livro desse gênero com o apoio de Ray Eames), Charles preferia olhar para a frente e não reinterpretar o passado; a seu ver, ser objeto de monografias era como já ter dado a própria obra por encerrada. Desde a morte de Charles, em 1978, foram surgindo informações mais pormenorizadas sobre a vida deles. Em alguns aspectos as informações são muito vagas, mas é possível começar a reconstituir a história de como os mais importantes *designers* americanos do século XX chegaram a ser o que foram.

Charles Eames nasceu em Saint Louis, em 1907. Quando criança, teve contato com o sistema Froebel (da mesma forma que Frank Lloyd Wright), método pedagógico pioneiro que estimulava as crianças do jardim-de-infância a brincar com blocos de madeira de formas geométricas — esferas, cubos, pirâmides e triângulos — para desenvolver seu senso espacial. Independentemente da influência que o método possa ter tido, o fato é que Charles logo desenvolveu uma grande sensibilidade para a forma e para o desenho. Quando tinha 14 anos, tendo perdido o pai, começou a trabalhar meio-expediente na Laclede Steel Company, em Venice, Illinois, onde logo foi promovido à projetista, na oficina de engenharia. Ele tinha um talento notável. Pouco tempo depois, uma firma concorrente, a Aitkens Mills Company, ofereceu-lhe uma bolsa de estudos para cursar engenharia, mas ele recusou. Já estava decidido a se tornar arquiteto.

Na verdade, Charles nunca se formou em arquitetura. Ele foi expulso da Washington University no terceiro ano do curso. Apesar de sua popularidade — a boa aparência, o carisma e o talento de Charles eram muito comentados na época — suas idéias eram por demais radicais para o estilo artístico antiquado da escola de arquitetura. Charles, que ia contra a corrente para explorar as idéias dos arquitetos "modernos" que, à época, surgiam tanto na Europa como na América, foi expulso em 1928, em razão de seu "entusiasmo despropositado por Frank Lloyd Wright". Seu professor, Gabriel Ferrand, chegou a dizer ao futuro sogro de Charles que ele nunca iria muito longe como arquiteto.

Afastado, ele foi trabalhar numa das mais dinâmicas firmas de arquitetura de Saint Louis. A princípio, as coisas pareciam ir bem. No ano seguinte, ele se casou com Catherine Woermann, uma das poucas mulheres que estudavam arquitetura em Saint Louis àquela época. O casal passou a lua-de-mel na Europa, visitou a França, a Alemanha e a Inglaterra, apreciando os edi-

EAMES

fícios dos mais importantes arquitetos modernos — Ludwig Mies van de Rohe, Le Corbusier e Walter Gropius. Mais tarde, Charles viria a afirmar que a experiência foi um verdadeiro choque para a sua sensibilidade, "como se me tivessem jogado um balde de água fria".

Quando voltou aos Estados Unidos, passou a trabalhar como arquiteto com Charles Gray. A ocasião não podia ter sido pior: o país estava mergulhando na pior crise econômica de sua história — nos três anos que vão de 1929 a 1932, o mercado de valores americano se desvalorizou em 90 por cento, a produção industrial caiu à metade e a indústria de construção entrou em colapso.

Comentando aquela época, Charles assume um tom filosófico. "Quando consideramos a prática da arquitetura na década de 1930, constatamos que foi algo muito importante. Era a melhor coisa que poderia acontecer, porque exercíamos a arquitetura e éramos obrigados a fazer tudo. Projetávamos pequenas igrejas, algumas casas e, se houvesse necessidade de fazer alguma escultura, fazíamos a escultura. Se era preciso pintar um mural, nós o pintávamos. Desenhávamos roupas, acessórios de iluminação, residências, tapetes, entalhaduras...". A Depressão contribuiu para alargar o campo de visão de Charles, mas ele pagou um preço por isso: ficou com a saúde debilitada e entrou numa profunda crise pessoal.

Em 1933 pagou as dívidas que lhe foi possível pagar, deixou sua mulher e a filha nos EUA e fez uma viagem de oito meses ao México, "metendo o pé na estrada", como diria mais tarde. Considerando a obra que ele haveria de construir mais tarde, é fácil concluir que o México deve ter sido um outro choque para suas concepções artísticas. A rica tradição de objetos artesanais baratos e coloridos era uma verdadeira festa, depois da América da Depressão. Charles desenhava, viajava (e foi detido duas vezes), absorvendo a atmosfera — o sol, as cores e a pura liberdade de tudo aquilo.

Embora nunca tivesse concluído o curso, Charles sempre se considerou mais um "arquiteto" que um "*designer*". Não obstante o escândalo que provocou na escola de arquitetura, as casas que projetou quando voltou para os Estados Unidos antes de conhecer Ray eram modernas, mas não radicais — uma mistura elegante, embora eclética, que combinava os estilos colonial, moderno e escandinavo.

A influência escandinava se deveu, em certa medida, à obra de Eliel Saarinen, o famoso arquiteto finlandês (que emigrou para os Estados Unidos em 1923 com seu filho Eero e os demais membros de sua família), cujo trabalho Charles conhecia bem. Entre eles havia grande respeito mútuo. Em 1938 Eliel Saarinen convidou Charles para ir lecionar na Cranbrook Academy of Art de Detroit, a influente escola de *design* da qual era diretor. Lá, Charles conheceria Ray.

Num relacionamento tão estreito como foi o de Charles e Ray, é difícil saber com certeza onde terminava a contribuição de um e onde começava a do outro. Dos dois, Charles era, de longe, o mais apaixonado, o mais desenvolto e, por isso, em geral era ele quem falava sobre o trabalhos de ambos. Embora Charles sempre ressaltasse a importância da contribuição de Ray, esta tendia a ser subestimada e, quando ela morreu, em 1988, os obituários não lhe deram o devido reconhecimento.

Na verdade, Ray Kaiser (seu nome de solteira) teve um papel fundamental na mais dinâmica equipe de *design* do pós-guerra nos Estados Unidos. Nascida em 1912, em Sacramento, Califórnia, Ray demonstrou um talento precoce para arte e *design* e, quando a família se mudou para Nova York, ela ingressou no mundo artístico, entrando para a Art Students League. Em muitos aspectos, os gostos de Ray eram até mais avançados que os de Charles. Além de estudar com o artista *emigré* alemão Hans Hofmann, Ray tinha aulas de dança com a legendária coreógrafa americana Martha Graham e interessava-se muito por cinema. Logo, ela própria, de forma independente, se tornou uma artista de sucesso, fazendo parte do grupo American Abstract Artists, que expunha em algumas das mais avançadas galerias de Manhattan.

Em 1940, depois que sua mãe morreu, Ray resolveu mudar-se para a Califórnia e construir uma casa. Ela ficou em Cranbrook por quatro meses. Como explicaria mais tarde: "Eu não tinha tido nenhum aprendizado prático, e achei que seria muito bom ter algum — , aumentar o meu conhecimento sobre como as coisas são feitas. Em certa época, pouco antes de conhecer Hofmann, eu pensava em estudar engenharia ... de certa forma sempre me interessei por estrutura, independentemente da forma — por dança e por música, e mesmo o meu interesse por literatura tinha essa base, acho ... tal como a estrutura na arquitetura. Aquele me parecia ser o lugar ideal porque [eu ouvira falar] de Eero Saarinen, e [da] grande ceramista Maija Grotell ".

Em Cranbrook, Ray conheceu Charles. Ao que parece ninguém nunca escreveu sobre o que de fato aconteceu. Os dois se sentiram atraídos um pelo outro e não é difícil imaginar por que: Charles tinha experiência em engenharia e construção; Ray tinha experiência com cor, estrutura e formas. Eles se casaram em 1941, mudaram-se para a Califórnia e montaram o seu próprio escritório de *design*.

Casal Ginger e Fred do mundo do *design*, é difícil imaginar Charles e Ray individualmente. Os dois funcionavam juntos; como morango e creme de leite, nenhum dos dois é bom sozinho. Para o público, Charles aparecia como a força dominante, mas a colaboração entre eles se dava em bases absolutamente paritárias. Basta examinar as fotografias em que aparecem juntos para perceber isso. Quase sempre estão usando roupas que combinam entre si e quase sempre estão de mãos dadas ou tocando o mesmo objeto. Eles nunca tiveram filhos; o centro de interesse de ambos era o trabalho, e a ele se aplicavam com igual entusiasmo. Num estúdio improvisado em seu apartamento alugado em Los Angeles, com uma máquina de modelar feita em casa com pedaços de madeira e peças de bicicleta, Charles e Ray logo começaram a fazer experiências com madeira compensada. Barata e flexível, ela parecia ser o material ideal para um novo tipo de *design*, leve e moderno, barato porém bonito.

Charles começou a usar madeira compensada em Cranbrook, onde ele e Eero Saarinen ganharam o primeiro prêmio no concurso "Organic Design in Home Furnishings", do Museum of Modern Art, em 1940, com um jogo de mesas e de cadeiras moldadas de madeira compensada. Juntos, ele e Ray começaram então a desenvolver suas idéias, procurando a melhor forma de executar essas cadeiras de madeira compensada — um problema complicado, pois este material tende a se quebrar quando dobrado em ângulos agudos.

Usando sua máquina de modelar improvisada, eles conseguiram fazer uma cadeira de madeira compensada em uma peça única (embora ela não atendesse à condição de ser produzida em massa). O trabalho, porém, apresentava grandes riscos, como relembrou mais tarde alguém que trabalhara no escritório de Eames: "Eles (Charles e Ray) tinham construído um grande forno elétrico que exigia uma potência muito maior que aquela de que dispunham em sua casa. Muito provavelmente Charles subiu no poste com um cabo grosso, comprido e encapado ... para desviar a corrente dos fusíveis, permitindo, assim, o funcionamento do enorme forno. O próprio Charles falou disso, na época. Ele estava com muito medo".

O primeiro trabalho comercial, porém, não foram móveis, mas *designs* para ajudar no esforço de guerra americano. Na década de 1940, a Costa Oeste era a sede da indústria aeronáutica e um centro naval estratégico. Em 1942 o casal Eames recebeu a incumbência de desenhar talas (para perna) de madeira compensada para soldados feridos e também componentes para a indústria aeronáutica. O trabalho lhes permitiu alugar um ateliê na Rose Avenue, 555, em

Venice, Los Angeles — e contratar uma equipe de trabalho. As pressões econômicas os obrigaram a liquidar o negócio, mas, não obstante, no final da guerra eles tinham produzido 150 mil talas, e aprendido muito sobre a produção em massa de peças de madeira compensada.

Esse novo conhecimento levaria à criação de uma das cadeiras de maior sucesso de todos os tempos. Antes disso, Charles e Ray dedicaram-se ao projeto de sua própria casa. Em 1945, a avançada revista californiana de arquitetura *Arts & Achitecture* lançou o programa Case Study House. A idéia era chamar os maiores arquitetos contemporâneos para projetar uma série de casas-piloto. As casas, que deviam ser relativamente baratas, seriam mostradas na revista, abertas à visitação a título de demonstração e por fim vendidas. O idealizador do programa, o editor da revista John Entenza, conhecia bem os Eames (Charles e Ray eram consultores editoriais e colaboradores regulares) e os encarregou, juntamente com Eero Saarinen, de construir uma das 26 casas.

A casa que o casal Eames construiu em Pacific Palisades é uma das mais impressionantes do século XX. Como acontece com todas as casas do projeto, ela pretendia demostrar como a tecnologia industrial podia revolucionar a produção de casas, possibilitando uma construção de boa qualidade, a baixo custo. A estrutura de aço e vidro foi construída por cinco homens em apenas 16 horas; em três dias o piso e o teto ficaram prontos. Não se tratava, porém, de uma mera máquina de morar; não era apenas uma solução técnica para um problema de construção. Ela era graciosa. Em seu esqueleto de aço o casal Eames colocou uma série de painéis coloridos — alguns opacos, outros translúcidos — janelas e portas corrediças. Pat Kirkham descreveu o efeito como

"uma composição ao estilo de Mondrian, numa campina de Los Angeles".

O *design* original da casa era muito diferente daquilo que finalmente foi executado. A idéia, segundo a qual toda a estrutura de aço e vidro se ergueria sobre pilotis ou estacas e ficaria voltada para o mar, foi inteiramente revista, passando a ser uma casa muito mais colorida, menos elevada, voltada para a paisagem circundante, em vez de debruçar-se nostalgicamente sobre o mar. As mudanças refletiam perfeitamente o calor e o colorido californiano que o casal Eames trouxe para a arquitetura moderna.

Algumas casas do Case Study foram vendidas a particulares, mas nem todas. Os Eames projetaram sua casa para eles próprios. E se a parte externa era um verdadeiro desafio às normas do frio modernismo europeu, o interior o era ainda mais. Os Eames, colecionadores inveterados, reuniram ao longo dos anos uma coleção incrivelmente eclética de objetos bonitos — objetos de uso cotidiano, arte étnica, brinquedos, assim como obras de arte — que eles expunham em todos os espaços da casa, até mesmo no teto. Como diz o arquiteto americano Robert Venturi, os Eames "reintroduziram a boa desordem vitoriana. A arquitetura moderna queria tudo muito limpo e ordenado, eles chegaram e espalharam *assemblages* ecléticas num interior — criaram uma tensão vívida e válida em nossa arte — tornando-o maximalista e minimalista ao mesmo tempo!".

Os Eames projetaram uma outra casa, também em parceria com Eero Saarinen, desta vez para John Entenza. Projetaram também um *showroom* para Herman Miller, o produtor de móveis. Então pararam de projetar edifícios. Charles explicou mais tarde:

"ACHO QUE SOU UM RENEGADO. FAZER O PROJETO DE TODA UMA CASA requer atenção demais **PARA QUE SE POSSA IMPEDIR QUE O CONCEITO BÁSICO SE DESINTEGRE. EMPREITEIROS, PREÇOS, MATERIAIS — SÃO TANTAS COISAS QUE CONCORREM PARA QUE ELE SE DESVIRTUE. OPTEI POR FAZER COISAS QUE UMA PESSOA POSSA EMPREENDER E CONTROLAR. COMO INDIVÍDUO. DESIGN DE MÓVEIS OU FILMES, POR EXEMPLO,** são arquitetura em menor escala, **SOBRE A QUAL PODEMOS TER CONTROLE".**

A partir de 1945, e por cerca de uma década, o *design* de móveis passou a ser a atividade principal do escritório do casal Eames. Charles tinha começado a adquirir uma certa reputação graças à exposição de 1940 do MoMA, e em 1946 o museu abriu suas portas para que fizesse uma exposição individual, na qual mostrou suas últimas experiências, inclusive algumas belas cadeiras tipo concha, de madeira compensada.

Porém, por mais que eles se esforçassem, logo ficou claro que cadeiras de madeira compensada tipo concha simplesmente não eram funcionais. Nenhum fabricante se disporia a produzir uma cadeira passível de se quebrar a qualquer momento, com conseqüências que podiam ser desastrosas. Por isso, com o pragmatismo que lhes era peculiar, os Eames começaram a procurar uma solução. O *design* que desenvolveram — a cadeira com pernas de metal e o correspondente *lounge,* também com pernas metálicas — era uma solução surpreendentemente simples, uma cadeira na qual o assento e o encosto eram feitos de peças separadas. A *DCM*, como ficou conhecida, logo se tornou um sucesso. Em 1951, Herman Miller vendia uma média de 2 mil unidades por mês, só nos Estados Unidos. Logo se seguiu toda uma série — uma versão com pernas de madeira, versões com revestimento em couro, variações com três pernas e mesas de centro — muitas das quais continuam sendo produzidas. Seu *design* constitui um clássico do século XX.

A filosofia dos Eames era que o bom *design* deveria ser acessível a todos. Charles costumava dizer que seu objetivo era levar

"O MELHOR DO QUE HÁ DE MELHOR PARA O MAIOR NÚMERO DE PESSOAS PELO MÍNIMO".

A *DCM* e os móveis da mesma série foram postos à venda por um preço que pretendia atingir o grande público. A única linha que se opunha a essa tendência era a das últimas cadeiras de madeira compensada, a *otomana* e o *lounge* de 1956 que, com sua combinação de estrutura de madeira compensada e assento de couro estofado, eram luxuosos e mais caros. Não obstante, mesmo esses modelos foram vendidos em enormes quantidades — em 1975 Herman Miller já tinha vendido 100 mil, faturando 100 milhões de dólares.

Não é difícil entender por quê. Há algo nos móveis criados pelo casal Eames — um frescor, uma simplicidade, uma naturalidade — que, mesmo passados cinqüenta anos ou mais, cativa imediatamente. Podemos imaginar o impacto que tiveram quando surgiram. Não é de surpreender, pois, que logo começassem a aparecer em capas de revistas, em fotos publicitárias, e mesmo em capas de discos.

Os Eames não se limitaram, porém, à madeira compensada. Logo começaram a fazer experiências com vários materiais. Algumas das cadeiras mais elegantes que criaram eram feitas de plástico. A descoberta do plástico reforçado com fibras de vidro (material que o exército foi o primeiro a usar) permitiu ao casal Eames resolver o problema da cadeira tipo concha: leve mas rijo, ele não se quebra. As cadeiras tipo concha são obras-primas de economia — nelas não há um só detalhe supérfluo. Por serem baratas (o tipo empilhável custava 32 dólares), foram vendidas em quantidades consideráveis.

O metal era, talvez, um material cujo uso fazia-se mais óbvio. Desde as décadas de 1920 e de 1930, *designers* como Marcel Breuer, Mies van der Rohe e mesmo Le Corbusier já vinham usando metal dobrável na fabricação de móveis. Os Eames, porém, deram uma nova orientação ao uso do material. Em 1951 eles criaram uma cadeira não muito diferente, no que tange ao estilo, de algumas cadeiras de plástico de sua autoria, mas feitas com fios metálicos entrelaçados. Os arquitetos britânicos Alison e Peter Smithson, que eram seus amigos, disseram o seguinte da cadeira:

"ELA TEVE SOBRE NÓS O EFEITO DE UMA BOMBA. ERA MUITO DIFERENTE – PARECIA COM A TORRE EIFFEL. NUNCA SE TINHA VISTO NADA IGUAL. ERA extraordinária, leve, AINDA QUE DE metal. ERA COMO UMA MENSAGEM DE ESPERANÇA DE UM OUTRO PLANETA".

Não satisfeitos com aquela "bomba", eles fizeram o protótipo de uma cadeira de alumínio, que também foi um grande sucesso. Arquitetos criaram móveis, *designers* projetaram edifícios: não havia nada de excepcional no fato de o casal Eames fazer as duas coisas. Excepcional era o caráter abrangente de sua atuação. Eles não se limitavam à arquitetura e ao *design* de móveis, organizavam exposições, faziam filmes, além de coordenarem eventos multimídia. O arquiteto Kevin Roche afirma ser Charles

"...SEM DÚVIDA O ***designer*** **mais criativo** E **mais original** DO SÉCULO XX, COMBINANDO ... OS TALENTOS DE INVENTOR, METALURGIA, *DESIGNER*, ARQUITETO E CINEASTA COM OS DE CIENTISTA, PESQUISADOR, VISIONÁRIO E CRIADOR, CAPAZ DOS **GRANDES VÔOS** E DAS **CONEXÕES ABSOLUTAMENTE INUSITADAS** DO VERDADEIRO GÊNIO."

Ray, embora não gozasse do mesmo reconhecimento, era tão polivalente e talentosa quanto o marido.

As exposições eram uma extensão natural do gosto inato dos Eames por colecionar e mostrar objetos. Em 1950 foram nomeados curadores da seção "Good Design", na Chicago Merchandise Mart, uma exposição de objetos funcionais de uso cotidiano — facas, garfos, cadeiras etc. —, apresentados como se fossem objetos de arte. A exposição teve grande sucesso e logo foi seguida de uma série de outras, como "Mathematica — A World of Numbers and Beyond" (1961) no California Museum of Science and Industry, "Nehru and his life" (1965), uma exposição itinerante; "The World of Franklin and Jefferson" (1975), que também foi apresentada em diversos lugares. Esses eventos abriram a possibilidade para que os Eames começassem a explorar seu interesse pela chamada multimídia. As exposições eram *performances* virtuosísticas — um forte coquetel em que se combinavam artes gráficas, mostras interativas e textos. É verdade que algumas delas foram criticadas por sua "sobrecarga de informações", mas todas envolviam os visitantes na atmosfera de seu tema, fosse ele a Índia ou a matemática. Numa época em que os museus tendiam a expor objetos em estojos de vidro, o casal Eames promoveu uma grande revolução no *design* de exposições.

Essa forma de comunicar-se, esse interesse em contar uma história usando vários meios de comunicação, essa sobrecarga de informação é algo que, segundo a historiadora de arquitetura Beatriz Colomina, distingue o casal Eames de seus predecessores. Ela vê essa tendência tanto na casa deles em Pacific Palisades — com suas pinturas no teto e objetos em todos os espaços— como em suas exposições e filmes: "É impossível fixar a atenção na casa dos Eames da mesma forma que numa casa da década de 1920. Aqui o olhar é o de um telespectador. Não o telespectador da década de 1950, mas o espectador mais próximo dos dias atuais...".

Para os *designers* estabelecidos em Los Angeles, o filme e, cada dia mais, a televisão eram paradigmas óbvios, além de fascinantes meios de comunicação em si mesmos. Charles fizera filmes em Cranbrook e trabalhara como cenógrafo para a MGM no início da década de 1940, quando ele e Ray estavam lutando para firmar-se em seu próprio ateliê. Os Eames conheceram Billy Wilder e muitas outras personalidades de Hollywood, e logo começaram a flertar com o cinema e a fazer suas próprias experiências.

Primeiro vieram as mostras de *slides*. Sua coleção de *slides* no escritório de Venice era vastíssima (quando de sua morte, a coleção, que tinha 750 mil imagens, foi oferecida à Biblioteca do Congresso). Charles foi pioneiro no uso de projetores múltiplos, fazendo conferências deslumbrantes, muito ricas em imagens. Umas das mais radicais foi a que fez em 1953, na Universidade da Georgia, intitulada " A Rough Sketch for a Sample Lesson for a Hypothetical Course". Tentativa de fazer que a universidade adotasse um novo método de ensino, a conferência foi dada com a projeção simultânea de três séries de *slides*, de filmes, sons gravados e odores que eram bombeados para a sala de conferências pelo sistema de ar condicionado.

A mais famosa *performance* multimídia dos Eames se deu em Moscou, em 1959, sob o título "Glimpse of the USA". O trabalho foi encomendado pelo Ministério das Relações Exteriores americano, como parte de um projeto de intercâmbio cultural com Moscou. Numa gigantesca cúpula geodésica criada pelo arquiteto Buckminster Fuller, o casal Eames projetou, em rápida sucessão, 2.200 *slides* em sete telas de dez metros de comprimento, com trilha sonora composta Elmer Bernstein. Enquanto outros talvez procurassem dar ênfase à pujança e à riqueza da América, o casal Eames optou por mostrar a vida cotidiana. O espetáculo de 12 minutos contou a história de uma viagem através da América com imagens tão belas e poéticas que, segundo o depoimento de Peter Blake, "à saída, todos [tinham] lágrimas nos olhos". Os Eames seguiram em frente e fizeram muitos outros filmes e organizaram outros eventos multimídia. Como explicou Charles:

"VOCÊ PODE expor num filme COISAS QUE NÃO SERIAM POSSÍVEIS EM NENHUM OUTRO MEIO. NEM NO *DESIGN* DE UM PRODUTO, NEM NUM LIVRO. NO LIVRO, VOCÊ TEM DETERMINADOS ELEMENTOS DE CONTROLE – SOBRE A IMAGEM, O CONTEÚDO, O RITMO –, QUE NÃO SE ENCONTRAM EM NENHUM OUTRO MEIO".

Os Eames faziam cinema por conta própria — como os premiados filmes sobre brinquedos *Toccata for Toy Train* (1957), *Parade* (1952) e *Tops* (1969) — e a pedido de ministérios e empresas (principalmente, a IBM, para a qual fizeram inúmeros trabalhos). Mas, mesmo quando trabalhavam para as grandes corporações, sua abordagem buscava antes educar e divertir que impressionar com truques e efeitos sensacionais. Charles costumava dizer "temos que nos entregar ao prazer com seriedade". Para o casal Eames, o prazer não devia ser procurado em objetos caros, de luxo, mas na beleza das coisas cotidianas e dos objetos comuns. Embora nem Charles nem Ray tivessem uma atuação política, entendida como militância em um determinado partido, toda sua obra é permeada por uma mensagem política e moral — a de que o *design* não devia ser uma prática elitista.

Em muitos aspectos, Charles e Ray Eames estabeleceram o conceito de *design* tal como é praticado atualmente. Poucos chegaram à altura de seu brilhante talento, mas no âmbito de suas ambições e de sua competência numa série de mídias, eles inauguraram uma prática de trabalho multidisciplinar que desde então foi seguida por muitos *designers*. Muitas gerações passaram pelo escritório dos Eames antes de firmarem sua própria reputação como *designers*. Muitos outros, como os arquitetos britânicos Norman Foster e Michael Hopkins, foram influenciados pelas concepções dos Eames.

Considerando a aversão de Charles a monografias, pode-se imaginar o que ele teria pensado da grande retrospectiva centrada na obra do casal, organizada pela Biblioteca do Congresso e pelo Vitra Design Museum em 1997. Mas o público gostou muito da exposição, e não é difícil entender por quê.

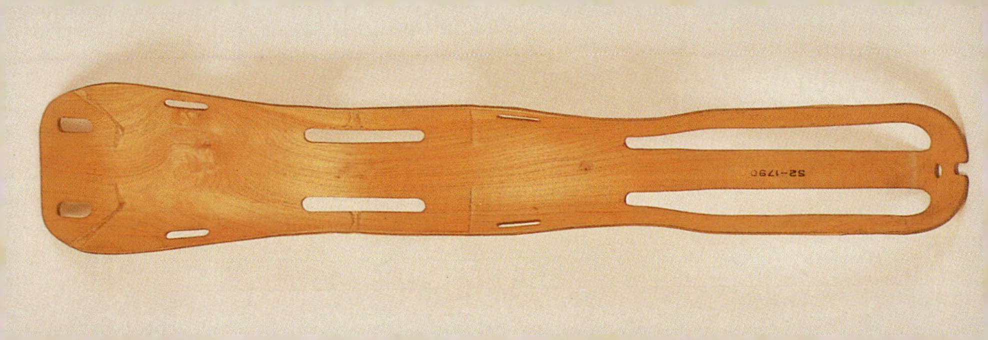
S2-1790

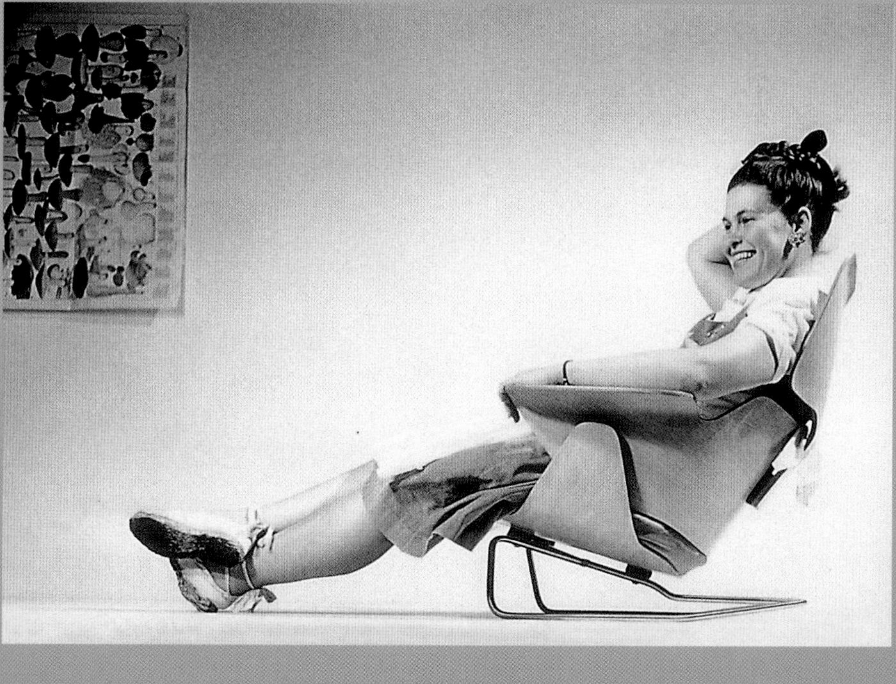

MATHEMATICA
A WORLD OF NUMBERS. . .AND BEYOND
PROBABILITY
MATHEMATICAL MODELS

EMATICA
IBM

GOOD

DESIGN

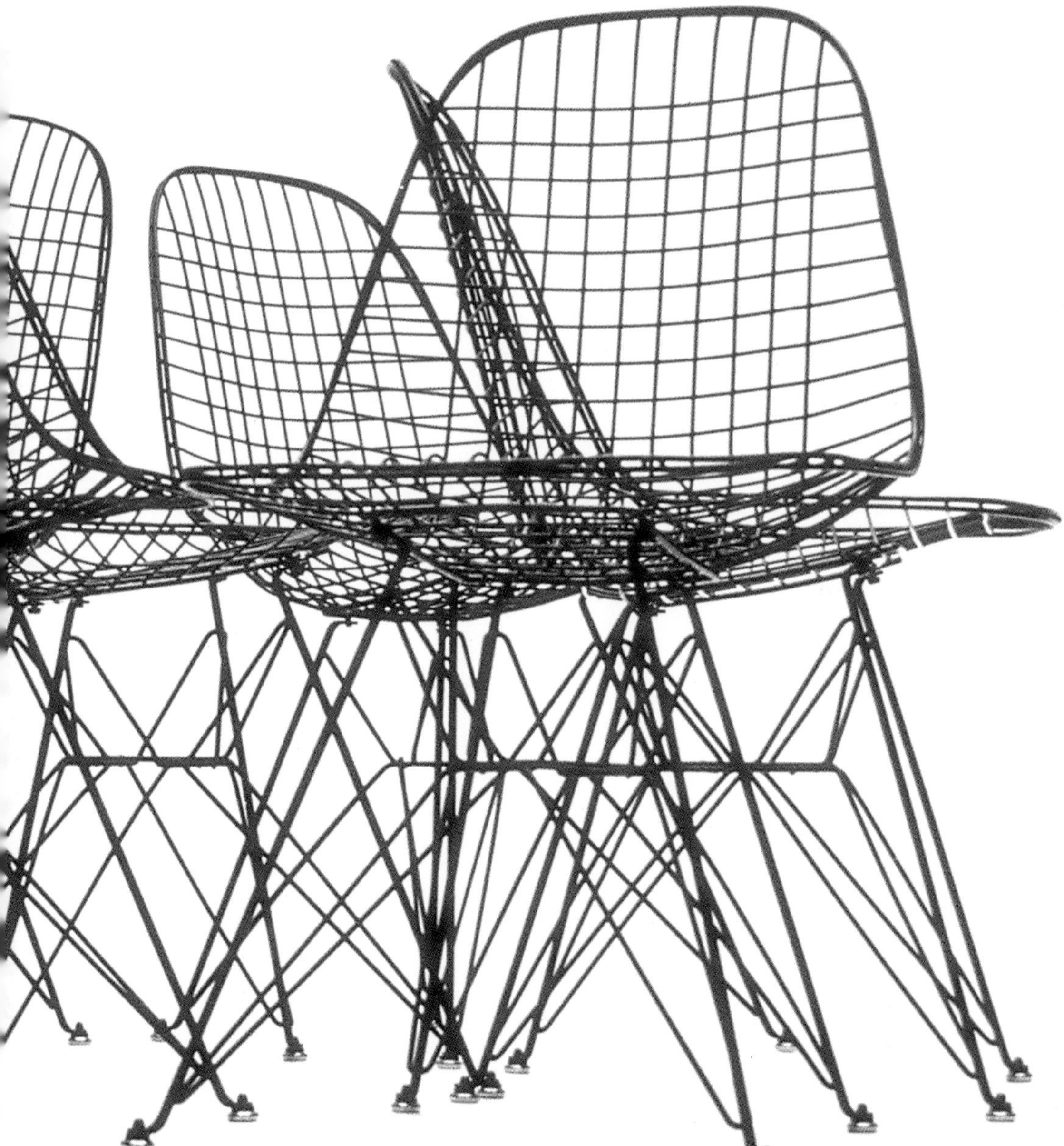

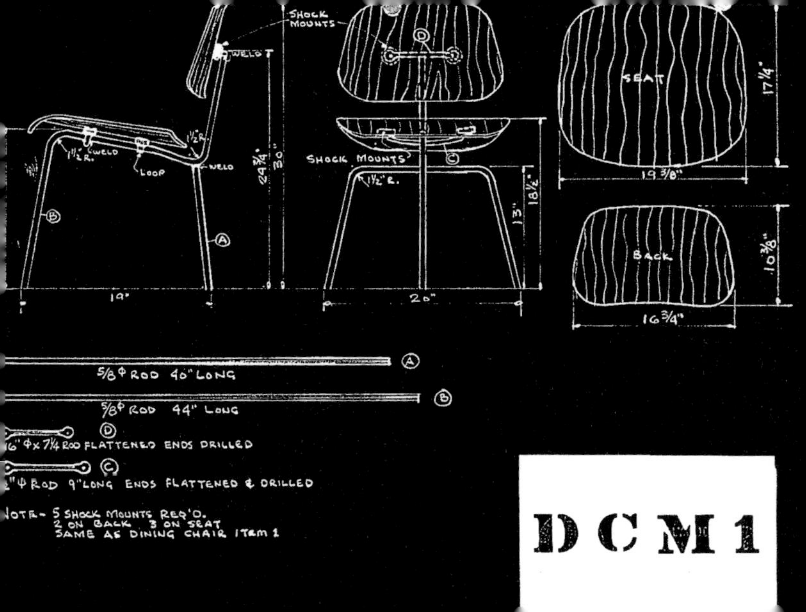

SHOCK MOUNTS
WELD
1½"R.
1½"R.
WELD
LOOP
WELD
29¾"
30"
B
A
19"
D
SHOCK MOUNTS
C
1½" R.
13"
18½"
20"
SEAT
17¼"
19⅜"
BACK
10⅜"
16¾"
5/8Φ ROD 40" LONG
A
5/8Φ ROD 44" LONG
B
D
6" Φ x 7¼ ROD FLATTENED ENDS DRILLED
C
2" Φ ROD 9" LONG ENDS FLATTENED & DRILLED
NOTE - 5 SHOCK MOUNTS REQ'D.
2 ON BACK 3 ON SEAT
SAME AS DINING CHAIR ITEM 1
DCM1

2

2
1 2

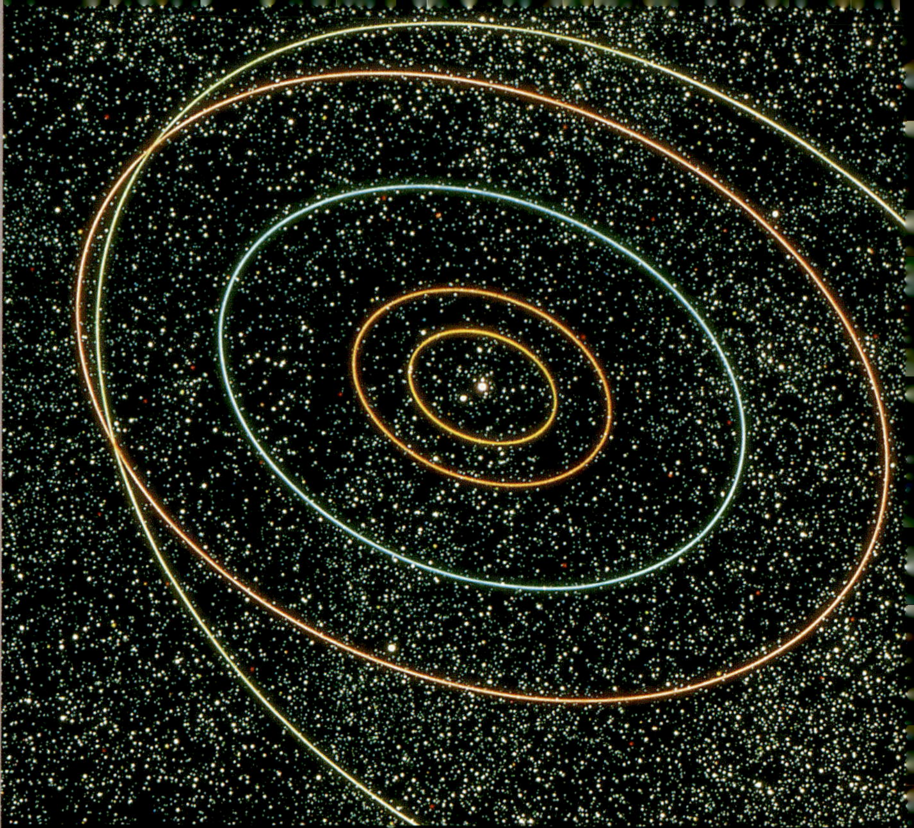

SCIENCE
THE VOICES OF TIME

CHARLES E RAY EAMES

Charles e Ray fotografados com uma escultura de madeira compensada, à época em que estavam fazendo experiências com o material.

A CASA DOS EAMES

A casa de Pacific Palisades, projeto de Charles e Ray — uma das casas símbolo do século XX —, demonstra o seu talento como *designers*.

INVENÇÃO

Os Eames atuavam em todas as frentes, nada ficava fora de sua área de interesse. Esquerda: Ray trabalha num primeiro protótipo para *The Toy*. Direita: uma cadeira de plástico moldado.

A CASA DOS EAMES

A casa combinava o modernismo ao estilo europeu e a cor e a exuberância da vida na Costa Oeste.

O ATELIÊ

A máquina para moldar madeira compensada, de fabricação caseira, no apartamento dos Eames em Los Angeles, 1941.

EM CENA

Charles e Ray acreditavam fervorosamente na força do lúdico. Além de criarem inúmeros brinquedos e jogos, muitas vezes participavam de *performances*.

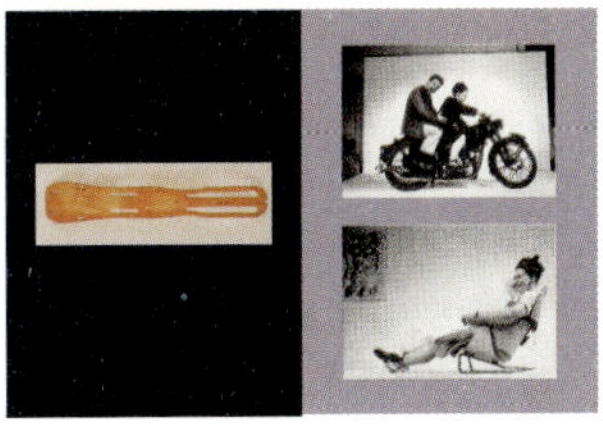

VARIEDADE

Tendo a experimentação e o lúdico como princípios norteadores, o trabalho do casal era muito diverso — ia desde talas para o exército americano (esquerda) até fotografia e *design* de móveis (direita).

FILME

Os Eames tinham verdadeira obsessão por tudo que se relacionasse à expressão visual. Não é de surpreender que se interessassem por cinema, tendo feito centenas de filmes.

A CASA DOS EAMES

Projetada como um protótipo do lar moderno, a casa foi construída em ritmo acelerado. A estrutura ficou pronta em exatamente 16 horas.

A CASA DOS EAMES

Nela foram utilizados materiais "prontos", combinados de forma a obter um efeito revolucionário.

A CASA DOS EAMES

A construção foi descrita como "uma composição ao estilo de Mondrian, numa campina de Los Angeles".

A CASA DOS EAMES

Próximo à casa ficava o ateliê, um laboratório onde Charles e Ray faziam experiências e desenvolviam novas idéias.

INTERIOR

Charles e Ray expunham no interior da casa sua impressionante coleção de objetos de arte.

INSTANTÂNEOS DOS EUA

A projeção múltipla de *slides* na exposição de Moscou, feita pelos Eames em 1959, dava um panorama da vida na América.

MATHEMATICA

Como todas as exposições de *design* do casal, a "Mathematica" (1961) usava *design* de vanguarda para comunicar idéias complexas ao grande público.

GOOD DESIGN

A mostra "Good Design" (1950), de Chicago, foi a primeira das muitas exposições organizadas pelos Eames.

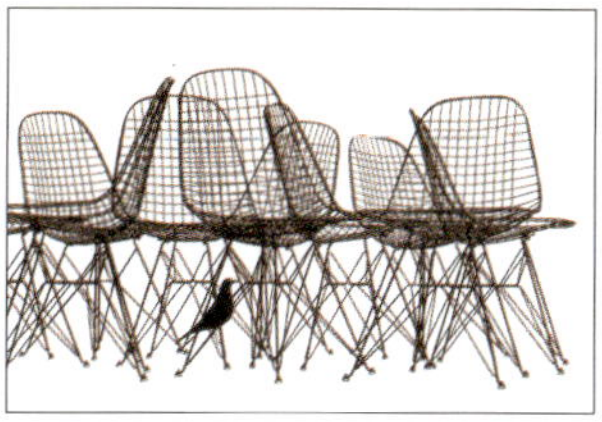

CADEIRAS DE FIOS METÁLICOS

A cadeira de fios metálicos (com bases do tipo "Torre Eiffel") foi uma forma radicalmente nova de usar o material.

EXPERIMENTOS COM CADEIRAS

Os Eames estavam sempre buscando novas soluções. Sua DCM (esquerda) foi um grande sucesso. Não contentes com isso, eles desenvolveram cadeiras de plástico moldado (direita).

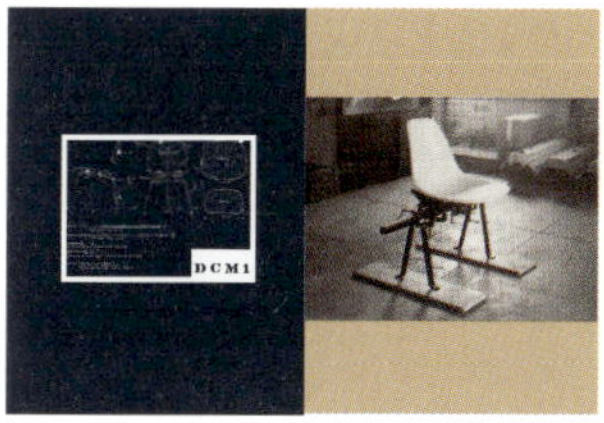

CADEIRAS DE MADEIRA

A cadeira de madeira (*DMW*) e o *lounge* de madeira (*LCW*), de 1945.

CADEIRAS DE MADEIRA

As cadeiras de madeira compensada do tipo concha tendiam a quebrar-se. A *DCW* e a *LCW*, com o encosto separado, foram uma solução engenhosa para o problema.

CADEIRAS DE PLÁSTICO

A descoberta de plástico reforçado com fibras de vidro permitiu que os Eames produzissem cadeiras tipo concha resistentes.

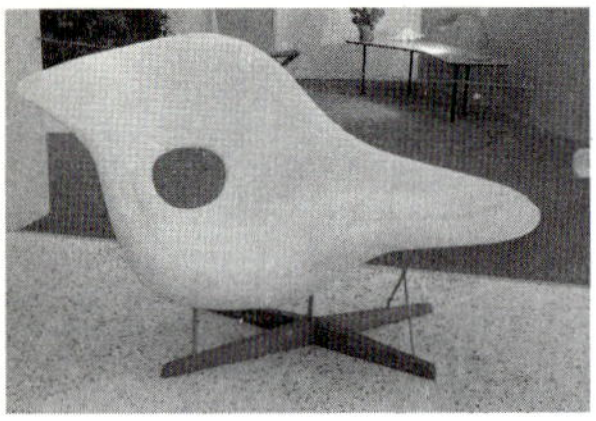

LA CHAISE

Um protótipo criado pelo escritório do casal Eames para o Concurso Internacional de Design de Móveis a Baixo Custo (1948), do Museum of Modern Art.

CADEIRAS

Em 1959, o casal Eames produziu uma cadeira de alumínio (esquerda). Direita: *design* de uma de suas cadeiras.

LOUNGE E OTOMANA

Criada em 1956, é uma das mais luxuosas cadeiras concebidas pelo casal Eames.

MESAS SUPLEMENTARES

As mesas de centro suplementares, em dois modelos, acompanham a *DCM* e a *DCW*.

MÓVEIS DE ESCRITÓRIO

A estante de escritório do casal Eames (1950), à esquerda, e a escrivaninha, à direita, embora admiradas por *designers*, não venderam tão bem quanto as cadeiras.

TOPS

Tops, o filme do casal Eames de 1969, apresenta 123 piões, de países de todo o mundo, girando num balé encantador.

TOCCATA FOR TOY TRAINS

Neste filme de 1957, Charles e Ray usaram brinquedos para estimular os *designers* a atentar para a beleza dos objetos à sua volta.

APRENDENDO POR MEIO DE IMAGENS

O jogo infantil *House of Cards* (à esquerda), de 1952, assim como a exposição "Think" (direita), para a IBM, de 1964-65, usaram imagens para estimular a imaginação.

COLAGEM

Ray era uma artista de grande talento. Aqui, uma colagem de papel de 1943.

POWERS OF TEN

Imagens do filme educativo de 1977 *Powers of Ten*: um filme que trata do tamanho relativo das coisas no universo e do que acontece quando acrescentamos mais um zero.

Agradecimentos

Os editores gostariam de agradecer às seguintes fontes por terem autorizado, gentilmente, a reprodução das fotografias deste livro:
Christie's Images Ltd 48, 49, 61, 63; Corbis/Bettman 54/55/Michael Freeman 37/ Jim Sugar Photography 36; Eames Office, 2000 (PO Box 268, Venice, CA90294, tel. 310 459 9663, fax 310 454 4413; www.eamesoffice.com) 8/9, 25b, 25t, 26/27, 42/43, 44/45, 57, 59, 64, 65, 66, 67, 68, 70/71; Tim Street Porter/Beate Works 2-3, 7, 30, 31, 32/33, 34, 35; Vitra Design Museum 1-2, 5, 22/23, 24, 52, 53, 56, 62, 72, 73; Vitra Design Museum/©eames office, 2000 4, 28/29, 38/39, 40, 41, 46, 47; Vitra (International) AG 50/51, 58/59, 60

Envidaram-se todos os esforços para reconhecer e contatar a fonte e o detentor dos direitos de *copyright* de todas as fotografias. A Carlton Books se desculpa por quaisquer erros ou omissões involuntárias, que serão retificadas nas futuras edições deste livro.

Agradecemos também a Eames Demetrios por sua ajuda na produção deste livro.

Bibliografia/Referências

Websites:

www.eamesoffice.com/www.powersof10.com

Publicações:

Eames Design: The Work of the Office of Charles and Ray Eames; Ray Eames, John and Marilyn Neuhart; Nova York, Abrams, 1989.

Eames House: Charles and Ray (Architecture in Detail); James Steele, Londres, Phaidon/Chronicle Press, 1994.

The Work of Charles and Ray Eames: A Legacy of Invention; Donald Albrecht (ed), Nova York, Abrams,1997.

Charles and Ray Eames: Designers of the Twentieth Century; Pat Kirkham, Cambridge, MA, MIT Press, 1995.

Powers of Ten: About the Relative Size of Things in the Universe; Philip and Phylis Morrison and the Office of Charles and Ray Eames, San Francisco, Scientific American Library/W.H. Freeman & Company, 1982.

Connections: The Work of Charles and Ray Eames; John and Marilyn Neuhart (Ensaio de Ralph Caplan), Los Angeles, UCLA Arts Council, 1976.

Charles Eames: Furniture from the Design Collection; Arthur Drexler, Nova York, The Museum of Modern Art, 1973.

A Computer Perspective: Background to the Computer Age, Charles e Ray Eames, Cambridge, MA, Harvard University Press, 1973.

Fiftenn Things Charles and Ray Teach Us; Keith Yamashita, Los Angeles, Eames Office, 1999

Eames Only; Auction Catalog for Bonhams; Editado por Alexander Payne, Londres, Bonhams, 1998.

Video:

Kid´s Volume: Toccata for Toy Trains + Parade; Charles e Ray Eames, Santa Monica, Pyramid Home Video/Eames Office, 1993.

Volume 1: Powers of Ten e *A Rough Sketch for a Proposed Film Dealing with the Powers of Ten and the Relative Size of Things in the Universe*; Charles e Ray Eames, Santa Monica, Pyramid Home Video/Eames Office, 1989.

Volume 2: The Films of Charles and Ray Eames; Charles e Ray Eames, Santa Monica, Pyramid Home Video/Eames Office, 1989.

Volume 3: The Films of Charles and Ray Eames; Charles e Ray Eames, Santa Monica, Pyramid Home Video/Eames Office, 1993.

Volume 4: : The Films of Charles and Ray Eames; Charles e Ray Eames, Santa Monica, Pyramid Home Video/Eames Office, 1993.

Volume 5: : The Films of Charles and Ray Eames; Charles e Ray Eames, Santa Monica, Pyramid Home Video/Eames Office, 1997.

CD-ROM:

Powers of Ten Interactive; Eames Demetrios para o Eames Office, Santa Monica, Pyramid Media/Eames Office, 1999.